Die Dragoran-Insel

Dieses Pokémon-
Buch gehört:

- -

Inhalt

ASH

Name: **Ketchum**

Dieser abenteuerlustige junge Trainer will unbedingt Pokémon-Meister werden! Er kommt aus Alabastia in der Region Kanto und reist immer mit Pikachu, seinem ersten Pokémon und besten Freund. Ash ist gerade neu in Galar eingetroffen und hat vor, alle Geheimnisse dieser Region zu ergründen.

ALTER: **10 Jahre**
STADT: **ALABASTIA**
HERKUNFTSREGION: **Kanto**

Starter-Pokémon:
Name: **Pikachu**

Kategorie:
Maus-Pokémon

Typ: **Elektro**
Größe: **0,4 m**
Gewicht: **6,0 kg**

GOH

Der zehnjährige Junge aus Orania City hat sich in den Kopf gesetzt, alle Pokémon-Arten zu fangen, die es gibt, um seinen Pokédex zu füllen. Ganz besonders aber hat er es auf Mew abgesehen, ein Mysteriöses Pokémon, dem er schon als kleines Kind begegnet ist. Er hat eine ruhige Art, ist aber flink und schlagfertig und wenn er sich für etwas begeistert, gibt er sein Bestes.

ALTER: 10 Jahre

STADT: ORANIA CITY

HERKUNFTSREGION: Kanto

Starter-Pokémon:

Name: Hopplo

Kategorie: Hasen-Pokémon

TYP: Feuer

Größe: 0,3 m

Gewicht: 4,5 kg

CHLOE

Chloe ist die Tochter von Professor Kirsch. Schon seit ihrer frühesten Kindheit ist sie mit Goh befreundet. Sie ist eine ruhige und verantwortungsbewusste Schülerin und Gohs übermäßiges Selbstvertrauen geht ihr manchmal auf die Nerven.

ALTER: 10 Jahre
STADT: ORANIA CITY
HERKUNFTSREGION:
Kanto

Starter-Pokémon:
Name: Voldi
Kategorie:
Welpen-Pokémon
Typ: Elektro
Größe: 0,3 m
Gewicht: 13,5 kg

PROFESSOR KIRSCH

Professor Kirsch, dem das Labor Kirsch in Orania City gehört, arbeitet daran, die Geheimnisse zu enthüllen, die noch immer die Pokémon umgeben. Nach ihrer Begegnung mit dem Legendären Pokémon Lugia stellte er Ash und Goh als Forschungsassistenten ein. Professor Kirsch ist ein freundlicher Mann, der gern Neues über die Pokémon herausfindet.

VORNAME: JESSIE
HERKUNFTSREGION: KANTO

Jessie, James und Mauzi sind fester entschlossen als je zuvor, das Pikachu von Ash für ihren Boss zu fangen. Sie sind bösartig veranlagt und haben kein Problem damit, teuflische Pläne zu schmieden … Wird es einem von ihnen gelingen?

DAS
TEAM ROCKET

VORNAME: JAMES
HERKUNFTSREGION: KANTO

Starter-Pokémon:
Name: Mauzi
Kategorie:
Katzen-Pokémon
Typ: Normal
Größe: 0,4 m
Gewicht: 4,2 kg

Kapitel 1

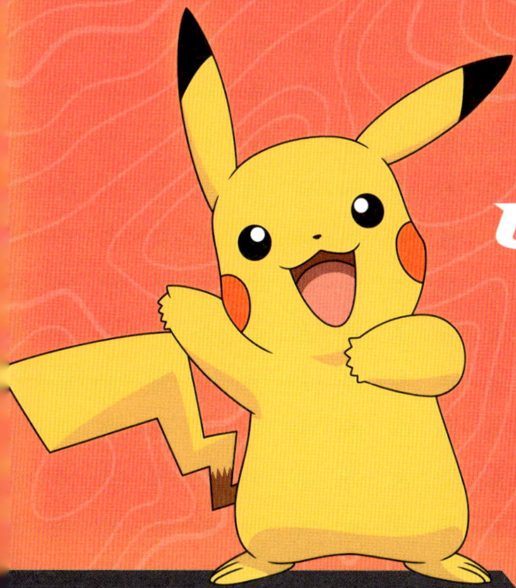

Unerwarteter Fang

Seit Ash als Forschungsassistent für den berühmten Professor Kirsch arbeitet, geht er häufig auf wissenschaftliche Forschungsmission, gemeinsam mit Goh, seinem Kollegen im Labor Kirsch, das in der Region Kanto liegt.

Auf diese Weise unternehmen die beiden Freunde unglaubliche Reisen, bei denen sie ihre Fähigkeiten als Pokémon-Trainer ständig verbessern. Einmal waren sie sogar beinah dem Legendären Pokémon Ho-Oh begegnet.

Ash ist begeistert von diesen Abenteuern, denn er träumt davon, Pokémon-Meister zu werden.

Und Goh nutzt die Gelegenheit, um so viele Pokémon wie möglich zu fangen, und hofft dabei

sehr, auf das Mysteriöse

und in seiner Art einzigartige

Pokémon Mew zu treffen.

„Wird es heute passieren?",

denkt er jeden Morgen beim

Aufwachen.

Aber dieses Mal weckt eine

Live-Reportage im Fernsehen

die Aufmerksamkeit der

Forscher im Labor Kirsch …

„Wir sind hier im Hafen mit

dem Kapitän, der gerade von einem Dragoran

gerettet wurde", sagt die junge Reporterin und

hält dem Seemann ihr Mikrofon hin, damit er

sein unglaubliches Erlebnis erzählen kann.

Vor dem Bildschirm reißen Ash und Goh
erstaunt die Augen auf.

„Ich habe schon mal von diesem Phänomen
gehört", bestätigt Goh. „Offenbar haben die
Dragoran die Angewohnheit, Menschen in
Gefahr zu retten."

„Wow, das würde ich gerne mal miterleben!",
seufzt Ash.

„Leider befürchte ich, dass das kaum möglich sein wird", bedauert Professor Kirsch. Verwundert zieht der Trainer seine Augenbrauen hoch. „Wieso nicht?", fragt er den Wissenschaftler.

„Das kann ich dir sagen!", ergreift René das Wort, ein weiterer Forscher des Labors Kirsch. „Dragoran, ein Drachen-Pokémon, hat sich aus Dragonir weiterentwickelt, das wiederum eine Weiterentwicklung von Dratini ist. In der freien Natur bekommt man es deshalb höchst selten zu sehen …"

„Außerdem ist nicht genau bekannt, wo sich

ihr natürlicher Lebensraum befindet!", ergänzt

Christin, die zweite Assistentin von Professor

Kirsch.

Dieser ergänzt: „Aber es gibt Gerüchte über eine

geheime Insel, auf der

nur Dragoran leben

sollen."

Goh schwingt sein

Smart-Rotom-Pokédex.

„Ich habe die

Koordinaten ihrer

Rettungsaktionen

eingegeben und kann

sie orten!", verkündet

er mit triumphierender Stimme. Tatsächlich ist auf dem Bildschirm seines Smart-Rotoms eine Karte zu sehen. Ash ist ist begeistert.

„Fantastisch!", ruft er. „Auf zur Dragoran-Insel!"

Wenig später sind Ash und Goh schon im Hafen,
um die Insel mit einem Boot zu suchen. Aber Goh
hat noch eine andere Idee …
„Wir brauchen gar nicht zu warten, bis ein Boot

kommt", flüstert
er. „Es gibt in dieser
Gegend Jugongs …"
Tatsächlich
schwimmen etliche
Seehund-Pokémon
am Kai entlang.
Ash nickt.
„Ich verstehe, was du
vorhast", stimmt er
zu.

„Perfekt", freut sich sein Freund.

Es wird Zeit, ein Reit-Pokémon zu fangen. Er

sucht sich ein Jugong aus, zielt sorgfältig und wirft

einen Pokéball nach ihm. Aber als dieser sich

öffnet, um es zu fangen,

taucht das Seehund-

Pokémon ins Wasser

und entkommt. Wieder

und immer wieder.

„Es leistet Widerstand",

stellt Ash fest.

„Nicht mehr lange",

antwortet Goh in

entschlossenem Ton.

Er versucht es weiter, ohne sich entmutigen zu
lassen.

Endlich klappt es und sein Smart-Rotom spielt ab:

„Bravo, Jugong im Pokédex registriert."

Erfreut setzen sich Ash und Goh auf den Rücken
des Seehund-Pokémon, das mit ihnen aufs Meer
hinausschwimmt …

„Die Dragoran-Insel müsste doch irgendwo hier in der Nähe sein", sagt Goh nach einer Weile.

„Ja, genau", stimmt Ash zu.

Während sie die Gegend mit den Augen absuchen, schwimmt eine Seehündin in voller Geschwindigkeit an ihnen vorbei. Geblendet von ihrer Anmut und Schönheit eilt Gohs Jugong ihr nach. Er teilt die Wellen wie ein Torpedo und schleift die beiden Trainer mit, die sich an seinem Rücken festklammern, so gut sie können, um nicht herunterzufallen.

„Halt, Jugong!", brüllt Goh.

Da schaut Ash plötzlich nach oben und …

„Oh nein, sieh mal, Goh!"

Große bedrohliche Wolken verdunkeln den

Himmel. Ein Gewitter kommt auf!

KAPITEL 2

Überraschende Rettung

Das Gewitter grollt.

Es regnet.

Blitze zerfetzen den Himmel.

Der Wind bläst.

Die Wellen lassen das Meer anschwellen …

Ash und Goh werden in der reißenden Brandung umhergeschleudert.

Sie klammern sich verzweifelt an dem Jugong fest, werden aber plötzlich abgeworfen!

„Aaahhh!", brüllen sie und stürzen kopfüber in die tosenden Wellen.

Jetzt bläst der Sturm doppelt so stark.

Die beiden Trainer werden bewusstlos.

Als sie zu ertrinken drohen, eilt eine Gruppe Dragoran herbei, um sie zu retten.

Später erwachen Ash und Goh im Trockenen.

Wohlbehalten und sicher liegen sie auf einem

herrlichen Strand aus feinem Sand.

Pikachu und Hopplo, ihre beiden Pokémon, sind

an ihrer Seite und auch eine riesengroße Gruppe

Dragoran! Unter ihnen ist auch ein Dragonir.

„Oh!", rufen die beiden Jungen im Chor

beeindruckt. Diese Begegnung hatten sie sich so

sehr gewünscht!

Ash versteht sofort, was geschehen ist.

„Die Dragoran haben uns gerettet!", flüstert er verwundert seinem Freund zu.

Goh betrachtet neugierig seine Umgebung.

„Wir sind auf einer Insel", stellt er erstaunt fest. „Die Insel …"

„… der Dragoran", beendet Ash seinen Satz und fügt hinzu: „Genial!"

Goh stimmt zu; einer ihrer Träume geht gerade in Erfüllung …

Noch kann er es kaum glauben.

„Danke, dass ihr uns gerettet habt!", sagt er zu den Dragoran. „Ihr seid sensationell!"

„Ja, vielen Dank!", sagt auch Ash lächelnd.

„Pika-pika!", ruft dann auch Pikachu, genauso dankbar wie sein Trainer.

„Hopplo!", bekräftigt Hopplo.

Das Dragonir und die Dragoran geben ihnen im selben Moment ein Zeichen und entfernen sich Richtung Urwald, der den Strand säumt.

„Sie laden uns sein, ihnen zu folgen", deutet Goh ihr Zeichen.

„Fantastisch, wir werden die Insel kennenlernen!",
vermutet Ash.

Und ohne zu zögern machen sich die beiden

Forschungsassistenten entschlossenen Schrittes

auf den Weg.

Sie können es kaum abwarten, mehr über die

Mysteriösen Drachen-Pokémon zu erfahren, die

hier leben.

Auf dem Weg Richtung Regenwald

befragt Goh sein Pokédex.

„Kannst du jetzt genau feststellen,

wo die Insel liegt?"

„Nein, tut mir leid, ich habe hier

kein Netz", bedauert das Smart-

Rotom.

Verärgert, dass die Koordinaten der Dragoran-

Insel nicht erscheinen, zieht Goh die Nase kraus.

Es bleibt ihm jedoch keine Zeit, sich zu beklagen,

denn an einer Abzweigung kommen sie auf

eine Lichtung, auf der ein Dragonir-Trio einen

außergewöhnlichen Tanz aufführt.

Die majestätischen Pokémon recken die Hälse,

stoßen sich an, machen Schlangenbewegungen

und fliegen plötzlich Pirouetten in der Luft.

Was für ein atemberaubendes Spektakel!

Noch dazu

taucht Hopplo

vom anderen

Ende der

Lichtung auf:

Der Schlingel

trägt eine

Kappe aus

Hautschuppen des Dratini auf dem Kopf.

„Oh!", ruft Ash überrascht.

„Dratini hat sich gehäutet!", ergänzt Goh. „Die Haut

ist sehr wertvoll. Man kann daraus alle möglichen

tollen Kleidungsstücke machen."

Die Dratini häuten sich, wenn sie groß werden

und sich zu Dragonir entwickeln.

„Wo hast du das gefunden, Hopplo?"

Das Hasen-Pokémon springt lachend auf der

Stelle auf und ab.

Dann führt es seine Freunde zu einem

schwindelerregend hohen Wasserfall.

Direkt unter dem Strahl öffnet sich eine Höhle.

Die kleine Gruppe durchquert den eisigen

Vorhang und betritt die Höhle, deren Boden

von Hautschuppen der Drachen-Pokémon

bedeckt ist …

„Oh! Wow, das ist eine Menge", bemerkt Goh.

„Schau mal!", mischt Ash sich ein.

Hinter einem Felsen versteckt verwandelt

sich gerade ein Dratini unter den wachsamen

Blicken eines Dragoran in ein Dragonir.

„Wow, das ist fantastisch!", schwärmen die

Jungen im Duo.

KAPITEL 3

Ein ganz besonderes Training

Ash, Goh, Hopplo, Pikachu, das Dragoran

und das neue Dragonir aus der Höhle

entspannen sich am unteren Ende des

Wasserfalls. Plötzlich mustert das Dragoran

ein wenig besorgt den Himmel.

Dann gibt es dem Dragonir ein Zeichen, es zu begleiten.

Zielstrebig folgen die beiden einem Waldweg.

Schnell gehen Ash, Goh und ihre Pokémon neugierig hinterher, um zu erfahren, was sie vorhaben. Unterwegs überlegt Goh.

„Ich glaube, ich weiß, warum diese Insel ein Geheimnis geblieben ist", sagt er dann auf einmal.

Überrascht ermutigt Ash ihn, fortzufahren.

„Ach ja? Na, dann erklär es mir, Goh!"

„Offenbar haben Dragonir die Fähigkeit,

Wetterphänomene zu beeinflussen, nicht wahr?"

Ash nickt. Ja, sein Freund hat Recht.

„Sind dir die dicken Gewitterwolken rund um die Insel herum aufgefallen?", spricht Goh weiter. „Sie bilden ein Schutzschild, sie verstecken die Dragoran-Insel vor den Augen der Welt. Ich schließe daraus, dass die Dragonir, die wir tanzen und herumwirbeln gesehen haben, die Gewitterstürme verursachen, um den natürlichen Lebensraum der Drachen-Pokémon geheim zu halten."

Wow, Ash ist beeindruckt. Was für ein Durchblick; klar, das alles ist absolut logisch!

„Super, Goh, du hast alles kapiert!", applaudiert er seinem Freund bewundernd.

In dem Moment kommen sie
am Strand an und beobachten
staunend, wie eine Gruppe
Dragoran Richtung Ozean abfliegt.
„Sie sind echt stark, sie
durchqueren einfach so das
Gewitter!", ruft Goh begeistert.
Ein Dragoran und ein Dragonir sind
am Strand geblieben. Sie würden es den anderen
am liebsten so schnell wie möglich gleichtun,
doch das Dragonir schafft es nicht, loszufliegen …
Dabei hat das Dragoran ihm etliche Tipps
gegeben.
Das Dragonir versucht es wieder und wieder,
vergeblich.

Es ist traurig, seine Enttäuschung mitanzusehen.

Es will unbedingt mit den Dragoran mitfliegen.

Ash runzelt betrübt die Stirn. Er würde ihm so

gerne helfen!

„Pika-pika", seufzt Pikachu. Damit er ihnen

vertraut, gehen die beiden dann lächelnd auf

das Dragonir zu.

„Willst du mit uns üben?", fragt Ash es freundlich.

„Natürlich", akzeptiert das Dragonir sofort.

Und dann beginnt jemand namens Ash Ketchum sein ganz besonderes Training! Aber Goh hat auch eine Idee …

„Erinnerst du dich an die Choreografie des Dragonir-Trios auf der Lichtung?", fragt er seinen Freund. „Damit haben sie es bestimmt geschafft, abzuheben!"

Ash nickt.

„Sie haben bestimmt Drachentanz verwendet!", wird ihm plötzlich klar.

Und schon befragt Goh sein Smart-Rotom.

„Mit dem Drachentanz können Pokémon ihre Leistungsfähigkeit erhöhen", informiert ihn das elektronische Lexikon.

„Perfekt!", freut sich Ash.

37

Dann sagt er zu dem neuen Dragonir: „Setz den Drachentanz ein! So!"

Er gestikuliert am Strand, um dem Drachen-Pokémon zu zeigen, wie es seine Fähigkeiten einsetzen kann.

Goh traut seinen Augen nicht.

Sein Freund verhält sich wirklich sehr merkwürdig.

Was er auch tut, Ash wird nie fliegen können.

Doch der tüchtige Trainer gibt nicht auf und lässt

seine Arme nicht hängen, denn er hat einen

unfehlbaren Plan!

„Elektronetz, Pikachu!", befiehlt er.

Kapitel 4

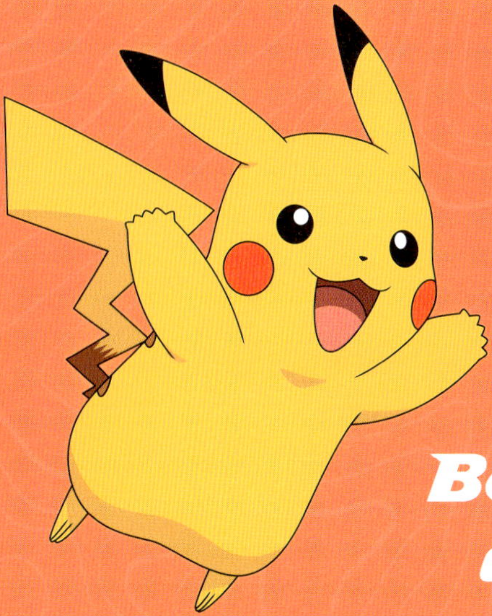

Begegnung in den Weiten des Ozeans

Ash springt und hüpft auf dem Netz aus elektrischer Energie, das Pikachu gerade geschaffen hat. So will der Trainer dem neuen Dragonir zeigen, wie es losfliegen kann.

Goh zuckt verblüfft mit den Schultern und schneidet Grimassen. „So ein Quatsch", seufzt er. „Das Elektronetz ist doch kein Trampolin."

Aber Ash springt weiter darauf herum.

Schließlich ahmt das Dragonir ihn nach.

Höher, immer höher.

Von so viel Schwung wird das Drachen-Pokémon

in die Luft geschleudert und dreht instinktiv eine

Pirouette.

„Hervorragend!", lobt Ash es. „Noch einmal!"

Das Dragonir gehorcht. Und dann hebt es

wirklich ab.

„Bravo, du hast es geschafft!", ruft Ash fröhlich.

Er ist sehr stolz auf das Dragonir, das in einem

einzigen Moment gewachsen zu sein scheint.

Doch etwas trübt den Triumph des Drachen-

Pokémon. Es streckt seinen Hals und sucht

beunruhigt den Horizont ab.

Ash ahnt, dass das Dragonir wieder bei dem Dragoran aus der Höhle sein will und nähert sich ihm sanft. „Hab keine Angst, ich begleite dich!", sagt er in beruhigendem Ton.

Auf einmal sieht der ratlose Goh das Jugong weiter hinten am Strand.

Es hatte die Spur der hübschen Seehundfrau verloren und war gekommen, um die Trainer zu suchen. Schnell springen sie auf seinen Rücken,

um dem schüchternen Drachen-Pokémon aufs

offene Meer zu folgen.

„Flieg, Dragonir", ermutigt Ash es mit fester

Stimme. „Vertrau mir, ich verspreche, wir bleiben

direkt hinter dir."

Bald findet das Dragonir das befreundete

Dragoran mitten auf dem Meer.

Aber das Arme sitzt in einem schwimmenden

Käfig in der Falle.

Jessie, James, Mauzi und Woingenau, die Rüpel vom Team Rocket, haben es eingefangen.

Das arglose Drachen-Pokémon ist auf sie hereingefallen: Sie haben sich als Schiffbrüchige verkleidet und so getan als seien sie gekentert, um ein Dragoran anzulocken und zu fangen.

In Windeseile prescht das Dragonir vor,

um seinen Gefährten zu befreien.

„Team Rocket!", brüllt Ash, als er mit Goh und

dem Jugong eintrifft.

Wütend, weil er schon wieder seinen schlimmsten

Feinden begegnet, befiehlt er dann: „Lasst das

Dragoran frei! Sofort."

„Unmöglich", antwortet Jessie spöttisch.

„Wir verzichten nie auf unsere Beute."

„Wir werden übrigens auch dein Pikachu fangen",

fügt James drohend hinzu.

KAPITEL 5

Rückkehr ins Labor Kirsch

Die Rüpel vom Team Rocket haben eine Spezialrakete, die mit Pokébällen schießt und ihnen nach dem Zufallsprinzip Pokémon liefert. Dieses Mal ist es Wailord, ein riesiges Flutwal-Pokémon, das ihnen zur Hilfe eilt.

„Keine Chance, dieses Pokémon beherrscht nur eine einzige Angriffsart", klagt James.

„Wir versuchen es trotzdem", beschließt Jessie. „Wailord, starte Überflutung!"

Das riesige Pokémon macht einen Sprung über die Wasseroberfläche und lässt sich dann schwer wieder ins Meer fallen. So erzeugt es eine monströse Flutwelle, die alles um es herum verschlingt.

Zum Glück hält Jugong dem Schlag stand. Ash nutzt das Ende der gegnerischen Attacke, um das Dragoran aus seinem Käfig zu befreien.

„Pikachu, verwende Eisenschweif!", befiehlt er.

Das Maus-Pokémon reagiert sofort. Es

konzentriert sich, lädt sich auf und zerstört

mit einem schneidenden Schweifschlag das

schwimmende Gefängnis.

Sofort fliegt das Dragoran davon und gesellt sich

zum Dragonir.

„Sehr gut gemacht, Pikachu!", freut sich Ash.

Die Rüpel vom Team Rocket ballen vor Wut die Fäuste.

„Wailord, setze Überflutung gegen das Dragoran ein!", ordnet Jessie an, die das Drachen-Pokémon um jeden Preis zurückhaben will.

Was für eine supermächtige Attacke! Ash fliegt Hunderte Meter durch die Luft. Dann fällt er schreiend auf Wailord.

Prompt stürmt das Dragonir herbei,

um ihn zu retten.

Schnell, schnell,

noch schneller!

Es gibt alles, um

seine Mission

zu erfüllen. Und

plötzlich … hat sich

das Dragonir in ein

Dragoran verwandelt!

„Wunderbar!", ruft Ash begeistert, als sein neuer

Freund ihn in seine muskulösen Pranken nimmt,

um ihn zu retten.

Sobald Ash in Sicherheit ist, kümmert sich das

Dragoran darum, Team Rocket in andere Gefilde

zu verjagen.

„Verrückt!" staunt Goh atemlos, beeindruckt von dem Erfolg des Drachen-Pokémon.

In nicht einmal einem Tag hat sich das Dratini zu einem Dragonir und dann zu einem Dragoran entwickelt!

Nach so viel Beifall gibt das Drachen-Pokémon Ash zu verstehen, dass es von nun an zu

seinem Team gehören will. Überglücklich vor

Freude wirft der Trainer schnell einen Pokéball

nach ihm, um es zu fangen.

Nach diesem Abenteuer kehren Ash und Goh

als Helden in die Region Kanto ins Labor Kirsch

zurück. Sie haben ihre Mission erfolgreich

abgeschlossen!

„Beeindruckend!", gratuliert ihnen Professor Kirsch.

Ihn freut es, dass seine Forschungen Fortschritte

machen.

„Schließlich habe ich vor Kurzem nicht einmal

gewusst, ob es die Dragoran-Insel wirklich gibt.

Bravo, Jungs!"

„Diese Entdeckungen werden großes Interesse hervorrufen!", fügt René hinzu.

Da zögert Professor Kirsch plötzlich.

„Ich glaube, wir sollten die Existenz der Insel trotzdem für uns behalten", murmelt er dann.

Seine Assistentin Chrysa versteht das nicht.

„Aha, warum denn?", fragt sie erstaunt.

Ash versteht, was der Wissenschaftler meint.

Um die Dragoran vor Neugierigen zu schützen,

natürlich!

Die Drachen-Pokémon wollen auf ihrer Insel

ihre Ruhe haben, daran besteht kein Zweifel …

Und das haben sie sich wirklich verdient.

Schließlich strengen sie sich so sehr an,

um Menschen in Not zu retten!

DRAGORAN

TYP: DRACHE – FLUG
KATEGORIE: DRACHEN-POKÉMON

Dragoran ist ein Pokémon mit Mitgefühl und es bewegt
sich mühelos durch Gewitterstürme über dem Ozean, um
Menschen oder Pokémon vor dem Ertrinken zu retten.
Ein von seinen Fähigkeiten beeindruckter Schiffskapitän
hat ihm den Beinamen „Avatar der Meere" gegeben.

Finde die
Unterschiede

**Im rechten Bild haben sich fünf Fehler eingeschlichen.
Kannst du sie finden?
Die Lösung findest du auf Seite 64.**

Toller Lese- und Rätselspaß

Willkommen auf Alola!
ISBN 978-3-8451-1633-4

**Das tolle
Pfannkuchen-Rennen!**
ISBN 978-3-8451-1634-1

**Ash Ketchum,
Pokémon-Detektiv!**
ISBN 978-3-8451-1873-4

Auf in den Westen, Ash!
ISBN 978-3-8451-1874-1

mit POKÉMON™

Das große Lexikon
ISBN 978-3-8451-1632-7

Der ultimative Guide
ISBN 978-3-8451-1797-3

Alles über Pikachu
ISBN 978-3-8451-1889-5

**Spannende
Vorlesegeschichten**
ISBN 978-3-8451-2058-4

Lösung

vom Suchbild auf S. 60/61: